PENDULE PERPETUELLE,

AVEC UN NOUVEAU BALANCIER;

Et la maniere d'élever l'Eau par le moyen de la Poudre à Canon,

ET AUTRES NOUVELLES INVENTIONS,

Contenuës dans une Lettre

DE MONSIEUR DE HAUTEFEUILLE, écrite à un de ses Amis.

M. DC. LXXVIII.

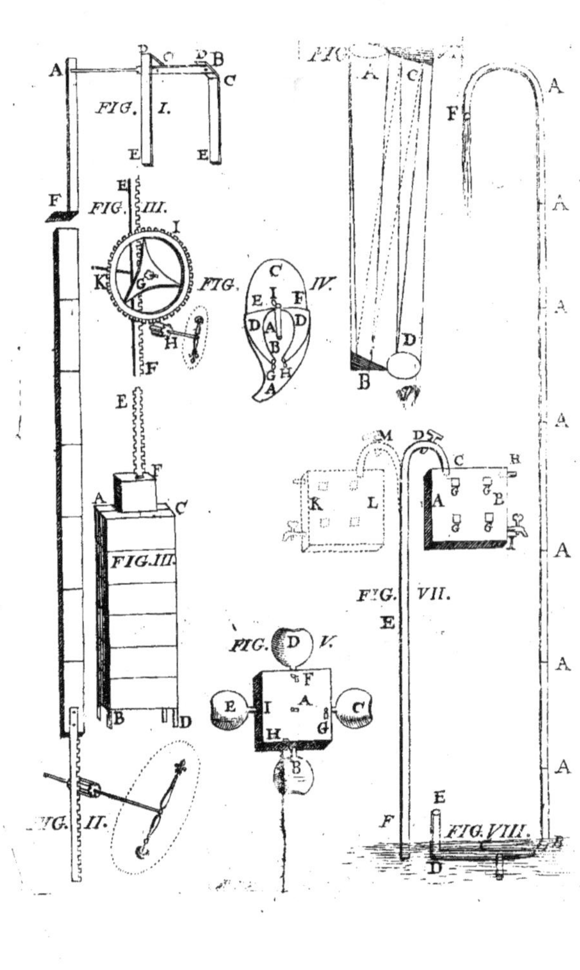
FIG. I.
FIG. III.
FIG. IV.
FIG. III.
FIG. V.
FIG. VII.
FIG. VIII.
FIG. II.

A MONSIEUR D. *****.

MONSIEUR,

Le ſecret de la Pendule perpetuelle eſt divulgué, il a été bien receu, & pluſieurs perſonnes commencent d'y travailler ; on penſe même à en faire ſervir le principe à pluſieurs autres machines, & chacun en parle ſuivant ſon inclination. Les uns veulent douter de l'effet juſques à ce qu'ils l'ayent veu, d'autres le nient, & d'autres enfin ſont perſuadez qu'elle aura lieu & que le principe en eſt veritable.

Du nombre de ces derniers ſont pluſieurs Sçavans, & même de l'Academie Royale des Sciences, & entr'autres Mr Hugens, à ce qu'on m'a dit, dont j'eſtime l'approbation autant que celle d'une Academie entiere. Ce Sçavant, qui eſt de retour d'Hollande, nous a apporté avec luy un Microſcope extraordinaire, qui groſſit les objets incomparablement davantage que tous ceux dont on s'eſt ſervi juſques à preſent.

On a examiné avec cet Inſtrument quantité de choſes tres-curieuſes qu'on donnera apparemment bien-toſt au Public. Mais on remarque particulierement que le bois de Sapin eſt plein de trous, & qu'il n'eſt qu'un aſſemblage d'une infinité de petits tuyaux tres bien formez.

Je ne vous rapporte point, MONSIEUR, cette experience ſans raiſon, puis que la Pendule perpetuelle eſt fondée ſur la nature & la proprieté que le bois de Sapin a de s'allonger par l'humidité, & de s'accourcir par la ſechereſſe : ce qui pourroit provenir de ce que les petites particules d'eau qui voltigent dans l'air entrent dans ces petits tuyaux de Sapin ; & quantité d'autres ſe preſentans pour y entrer, & y étant pouſſées par la matiere ſubtile qui eſt en continuelle agitation, elles preſſent celles qui y ſont, & contraignent par ce moyen le Sapin de s'allonger, d'occuper un plus grand volume, & de s'étendre en un certain ſens, & non pas dans un autre ; parce que ce bois ayant dans ſa longueur des fibres continues & compoſées de parties plus ſolides & plus preſſées & qui ont tres peu de ces petits tuyaux ; ces petites particules d'eau y entrant, ne peuvent faire allonger ce bois dans ſa longueur, ou tres peu : mais il n'en eſt pas de même dans ſa largeur ; car toutes ces petites parties d'eau trouvant de la reſiſtance en haut & en bas à cauſe de ces fibres, elles font tout leur effort à droit & à gauche, & obligent ainſi ces fibres de s'écarter les unes des autres, & de s'étendre dans ſa largeur ; & ce plus ou moins ſelon que l'air eſt plus ou moins remply de parties humides, de même que le courant des Rivieres presse plus ou moins les côtez des arcades des Ponts, selon que l'eau est plus ou moins rapide.

Quoy que cet effet ait lieu dans presque tous les bois, il est beaucoup plus sensible dans le Sapin, le Saule, le Tilleul & le Peuplier, & dans quelques semblables; ce que les Artisans reconnoissent souvent par la peine qu'ils ont de bien joindre leurs ouvrages, qui se dejettent toûjours, ainsi qu'ils appellent, quelque industrie qu'ils y apportent. On s'en apperçoit même visiblement dans les maisons lors que l'air est fort humide, les portes, les fenestres & les autres meubles étant beaucoup plus difficiles à ouvrir & à fermer, & faisant la nuit du bruit qui estonne ceux qui n'en sçavent pas la cause.

Cette insinuation d'humidité dans certains corps a donné lieu aux Hygrometres, dont les premiers furent faits d'une corde attachée au plancher, au bas de laquelle pendoit un cercle paralelle à l'horizon; & sur ce cercle étoient marquées des divisions; & selon le côté dont il se tournoit, on reconnoissoit l'humidité ou la secheresse de l'air. On en fit ensuite avec une balance tres-juste : on mettoit dans un de ses bassins un poidz de plomb, & dans l'autre autant pezant de laine, d'éponge, de certains sels, & de quelques autres matieres susceptibles d'humidité, lesquelles, venant à s'imbiber plus ou moins, ôtoient l'équilibre de cette balance, & faisoient ainsi connoître la difference d'humidité.

Ceux qui joüent du Luth, du Tambour & de quelques autres Instrumens, reconnoissent les degrez d'humidité & de secheresse de l'air par la diversité des sons de leurs Instrumens, qui provient de leur differente tension. Kirker, Schot, & quelques autres, ont fait mention d'un Hygrometre composé d'une paille d'avoine sauvage posée perpendiculairement sur une table, l'épy de laquelle se tourne de côté & d'autre selon l'humidité & la secheresse de l'air; ce qui est commun au blé & à l'orge, & à quelques autres grains, lors que l'on a tortillé leur tige, lesquels estans moüillez se détortillent; ce qui étant inconnu à plusieurs, leur est un sujet d'admiration; mais ces pailles venant à se secher en peu de temps, elles n'ont plus d'effet: C'est pourquoy on s'est servi d'une corde de boyau tortillée, sur laquelle on met une petite figure de papier, laquelle selon le changement du temps se tourne de côté & d'autre sur un limbe divisé dans un certain nombre de degrez. J'ay vû encor un Hygrometre fait de courroyes de cuir passées sur diverses poulies, lesquelles s'allongent & s'accourcissent selon que l'air est plus ou moins humide.

On en voit un autre dans le Journal des Sçavans du 15 de Mars 1677. composé de deux ais de Sapin de deux pieds de longueur &

d'un pied de large, leſquels en s'éloignant l'un de l'autre font tourner un petit index qui marque les degrez d'humidité & de ſechereſſe.

Toutes ces differentes manieres d'Hygrometres ont été inventées pour connoître les degrez d'humidité & de ſechereſſe de l'air, de même que les Barometres & les Thermometres l'ont été pour marquer ſa pezanteur & ſa chaleur. Mais m'étant particulierement appliqué à mediter ſur les Pendules, je cherchay auſſi le moyen de leur continuer le mouvement un tres long temps, & de leur ôter cette ſujettion ſi incommode de les remonter tous les jours; en quoy j'ay, ce me ſemble, aſſez bien réüſſi, comme vous en pourrez juger en examinant la conſtruction du Balancier qui eſt à la I. Figure, lequel n'eſt different des autres qu'en ce que ſes palettes ſont paralelles l'une à l'autre, & de telle longueur que l'on veut; au lieu que dans les Balanciers ordinaires les palettes ſont à angles droits, & longues ſeulement d'une ligne ou deux.

A B eſt la verge du Balancier, C D E ſont les deux palettes, A F eſt la fourchette. Ces deux palettes ſont éloignées l'une de l'autre de la diſtance du diametre de la roüe de rencontre, ou un peu moins. La partie C D eſt tirée à angles droits ſur A B, & eſt longue de cinq ou ſix lignes. Dans le Balancier que j'ay fait, D E eſt tiré à angles droits ſur C D, & a de longueur prés de deux pouces. D'où vous appercevrez facilement par la raiſon du levier, que ſi ces palettes ſont dix fois plus grandes que les autres, il faudra dix fois moins de poidz : joint que la latitude des vibrations étant fort petite, la lentille ne s'élevant point ſi haut, il n'eſt pas beſoin d'une ſi grande force: de ſorte qu'avec ce Balancier une horloge qui ſe remontoit tous les jours, ne ſe remontera que tous les mois, en prolongeant la verge du Pendule, ou bien, ſi la trop grande longueur du Pendule eſt incommode, on ajoûtera une ou deux roües. Lors que vous aurez fait reflexion ſur ce Balancier, vous en reconnoîtrez les utilitez, en ce qu'il ſe peut appliquer à toutes les horloges déja faites, & qu'il n'eſt pas beſoin d'y changer aucune roüe, & que diminuant le poidz tres conſiderablement, il n'uſe pas les pivots; particulierement dans les grandes horloges publiques, où le poidz eſt quelquefois de deux & trois cens livres.

Enfin, MONSIEUR, aprés avoir fait aller ma Pendule un mois, je cherchay les moyens de la faire aller toûjours. J'imaginay d'abord le vent, les eaux de pluye, la fumée, & quelques autres choſes ſemblables propres à la remonter: Mais voyant que cette penſée étoit venuë à d'autres perſonnes, je crus que la pratique en étoit trop difficile & trop incommode. Je penſay enſuite que les changemens continuels qui arrivoient au Barometre, au Thermometre, & à l'Hygrometre, pourroient produire cet effet : mais j'y trouvay preſque autant de difficulté que dans les précedentes. Les Hygrometres me parurent avoir si peu de force, que je ne crus pas les pouvoir employer à ce que j'avois dans l'esprit. Et quoyque le dernier, dont il est parlé dans le Journal des Sçavans, en eust plus que les autres, ce qui y est dit que les ais d'un de ces instrumens n'avoient pas la liberté de s'ouvrir de plus d'une dixiéme de pouce dans le temps le plus humide, & que l'index ne se tournoit quelquefois que de dix ou vingt degrez, me fit desesperer de pouvoir faire servir cet instrument à remonter une Pendule. Mais ayant medité quelque temps sur ce sujet, je crûs que ce peu d'écartement provenoit de la construction de la machine, & qu'en la faisant d'autre façon elle deviendroit plus sensible. C'est ce qui m'obligea d'en faire l'experience en cette maniere.

Je fis scier plusieurs bandes de sapin en travers d'environ quatre lignes d'épaisseur, & larges d'un pouce & demy, sur cinq pieds de long. Je les fis coller bout à bout, en sorte que les fibres se trouvoient paralelles à l'horizon lors que cette bande étoit posée perpendiculairement; & l'ayant attachée par le bout d'enhaut à un des côtez de ma fenestre, l'extremité d'embas me marquoit que cette bande s'accourcissoit & s'allongeoit en certain temps. Et voulant avoir quelque chose de plus sensible, je fis faire une autre bande longue seulement de trois pieds six pouces, & ayant attaché l'extrémité d'enhaut à un chassis de ma fenestre en dehors, je mis au bas une petite lame de cuivre dentée, qui étoit la même dont je m'étois servi à ma Pendule perpendiculaire.

Les dents de ce cric ou cremaillere engrenoient, comme vous voyez à la II. Figure, dans un pignon de six dents, dont l'arbre passoit en dedans de ma chambre, au bout duquel j'avois mis une aiguille de dix ou douze pouces de long, pour se mouvoir sur un cercle divisé en 360 parties.

Aussi-tost que j'eus posé cette machine, j'admiray avec plaisir que l'aiguille avança visiblement 30 ou 40 degrez en un quart d'heure: ce qui me marquoit que la bande de bois s'accourcissoit. Et la nuit étant venuë, l'aiguille retourna sur ses pas, & continua ainsi de suite à avancer ou reculer regulierement nuit & jour, dont je fis un Journal que je metrois volontiers icy. Mais cet instrument est si simple & de si peu de coust, que l'on aura infiniment plus de plaisir d'en faire soi-même l'experience. Car outre que l'on peut faire cent belles observations par le continuel mouvement de cette machine, à laquelle le moindre vent, la plus petite chaleur, & le moindre changement qui arrive à la pezanteur de l'air, apporte de la difference, on peut dire que c'est tout ensemble un Hygrometre, un Barometre, un Thermometre, & un Anemometre, dont les experiences seront beaucoup

coup plus curieuſes & plus utiles , ſoit pour les obſervations du ſerein & de la roſée,ſoit pour prévoir la diverſe temperature de l'air. Et afin d'augmenter encore la ſenſibilité de cet Hygrometre,& pour en faire une eſpece de Mouvement Perpetuel ſenſible,je fis faire une bande de ſix pieds de long enfermée entre deux couliſſes, preſque ſemblable au premier, ſinon qu'à la place de l'aiguille il y avoit une rouë dont les dents engrenoient dans un pignon qui portoit l'aiguille, de maniere que cette bande de ſapin ne pouvoit s'accourcir ou s'allonger d'une dixiéme de ligne, que l'aiguille ne fiſt un tour entier. Voyez la III. Figure.

Je vis par ces experiences, dont j'eus dés lors meilleure opinion que je ne m'étois perſuadé, croyant qu'il falloit attendre la pluye ou un changement de temps conſiderable, pour en voir un effet ſenſible : Je vis, dis je, que cet inſtrument ſe mouvoit jour & nuit regulierement, & que ſur ſix pieds il s'accourciſſoit ou s'allongeoit du moins de trois ou quatre lignes ; ce qui me fit croire que s'il avoit de la force, il pourroit ſervir à remonter une Pendule. C'eſt pourquoy je fis faire une bande d'une planche de ſapin, qui ſervoit peut-étre depuis plus de 40 ou 50 ans, & qui commençoit à ſe moiſir de pourriture. J'attachay à mon plancher cette bande longue de quatre pieds & large d'environ deux pouces ; & ayant mis 18 ou 20 livres à ſon extrémité d'embas (qui étoit tout ce qu'elle pouvoit porter, ayant caſſé deux ou trois fois) j'apperceus que nonobſtant cette charge elle ne laiſſoit pas de s'accourcir le jour & de s'allonger la nuit, un peu moins à la verité que s'il n'y avoit pas eu de poidz.

Je fis voir dans Orleans cette Machine à M[r] le Berche Conſeiller au Preſidial de ladite Ville, également curieux & intelligent, lequel l'approuva ; & Mr Roemer de l'Academie Royale des Sciences s'y étant trouvé à la Pentecôte derniere, & m'ayant fait l'honneur de me venir voir, il apperceut cette experience, mais je ne luy en expliquay point l'uſage. Je vins enſuite à Paris, où je la communiquay à Mr Dalencé Secretaire du Roy, & à Mr Royer Architecte, que je trouvay chez luy. A M[r] l'Abbé de la Roque, à Mr Fremont d'Ablancourt, à M[r] l'Abbé de Furetiere, à Mr de Comiers,& à pluſieurs autres de mes Amis,& generalement aux Curieux qui la voulurent voir. Et de cette maniere elle s'eſt tellement répāduë, qu'un chacun prétend en faire une application particuliere. Peut-étre que celles que j'ay imaginées ne ſeront pas les meilleures, parce qu'outre qu'il y en a une infinité, l'application d'un principe dépend plus de l'induſtrie des Ouvriers que du genie de l'Inventeur: & on blâmeroit ſans doute une perſonne qui voudroit s'attribuer la gloire d'une invention, pour en avoir trouvé une ſimple application, ou meſme une meilleure.

Je joins donc ſans autre façon à la Pendule cette bande que l'on peut faire de telle longueur que l'on voudra, laquelle paſſant à travers les planchers ſera cachée derriere la tapiſſerie; ou bien on la metra horizontalement ou perpendiculairement en dehors le long du mur par des renvois.

On peut encore la metre double avec un double cric, ou enfin faire une Armoire ou un Paralellipipede creux de ſapin A B C D dont les fibres ſoient de travers & paralelles à l'horizon, comme dans les bandes que j'ay décrites cy-deſſus.

Cette Armoire ſera haute de ſix ou ſept pieds, attachée fortement en B D à la III. Figure, ſur quatre morceaux de bois enfoncez en terre, & élevez d'un pouce ou deux, afin de donner paſſage par deſſous à l'air pour entrer dans cette Armoire, au deſſus de laquelle ſera le cric E F lequel engrene dans le pignon G de la roüe K I dont les dents entrent dans le remontoir H de la Pendule. Le pignon G entre dans l'arbre de la roüe K I, comme la fuſée des Montres de poche entre ſur leur grande roüe, afin que le Paralellipipede s'allongeant, le cric ne faſſe que faire tourner le pignon G, ſans faire tourner la roüe K I ny le remontoir H. Mais le Paralellipipede venant à s'accourcir, le cric fera tourner le pignon G, la roüe K I, & le remontoir de la Pendule, qui bandera par-conſequent le reſſort, ou remontera le poidz d'un certain nombre de crans. Et ſi on veut que le cric remonte la Pendule en montant & en deſcendant, on le pourra faire par une double roüe & cric édenté des deux côtez, ou à la maniere des Montres que les Horlogeurs appellent *à l'Yvrogne*, leſquelles ſe montent de quelque côté que l'on tourne la clef. Si ce Paralellipipede n'a pas aſſez de force, j'y en mettray un plus grand, ou même deux l'un dans l'autre, le petit attaché au plus grand par quatre bandes poſées de même ſens, comme vous le voyez à la même III. Fig.

Je me perſuade que de cette maniere il n'y a point de poidz & de reſſort que cette Machine ne puiſſe remonter : puiſque l'on peut multiplier la force, en multipliant les bandes de ſapin tant que l'on voudra.

Il y a pluſieurs experiences qui confirment la force du principe de l'inſinuation d'humidité dans les corps. La plus celebre eſt celle qui ſe fit à Rome lors que le Pape Sixte V. fit élever la grande Pyramide de Saint Pierre. Car les cables s'étant relâchez à cauſe de l'excez du poidz, l'Obeliſque eût couru grand' riſque ſans une voix inconnuë qui cria de moüiller les cables, ce qui étant prontement fait, ils s'accourcirent, & donnerent moyen de le placer.

La maniere de couper les grandes meules de moulin, & les autres meules, ne marque pas moins cet éfet. Car ayant fait autour du Rocher quelques trous d'espace en espace, on les remplit le plus que l'on peut de bois de saule seché au four, lequel venant à s'enfler par l'humidité, rompt & separe ce Rocher en autant de meules que l'on a fait de cercles.

Il est vray que la Pendule se remonte inégalement, mais cela ne fait rien à son mouvement qui est toûjours égal: & comme elle pourroit quelquefois étre remontée plus haut qu'il ne faudroit, j'y remedieray en empêchant l'effet du cric, & en le faisant sortir hors du pignon, en-sorte qu'il haussera & baissera sans rien faire; ou par quelques autres moyens que nous jugerons plus à-propos.

On est en peine, MONSIEUR, de sçavoir si, supposé que cette invention réüssisse, ce sera le Mouvement Perpetuel. Les uns tiennent la negative, les autres l'affirmative. Ceux-la disent, Que ce n'est au plus qu'un Valet Perpetuel, & que l'on entend par Mouvement Perpetuel une Machine qui se meut d'elle-même par le seul principe de la pezanteur, ou d'un ressort, & non point par un agent naturel. Ceux-cy répondent au contraire, Qu'une Pendule qui se meut perpetuellement est un Mouvement Perpetuel; Que la pezanteur & le ressort sont des agens naturels de même que tous les autres; Que dans cette Machine c'est un ressort naturel qui remonte un poids; Que ce mariage de l'Art & de la Nature est heureusement imaginé; Et que cette invention est beaucoup plus estimable & plus utile que le Mouvement Perpetuel imaginaire de ces premiers.

Pour moy, MONSIEUR, je vous diray sincerement que j'ay quelquefois rêvé sur le Mouvement Perpetuel; car il est à ceux qui s'appliquent aux Mechaniques, ce que la Quadrature du Cercle est aux Geometres, & la Pierre Philosophale aux Chymistes. J'ay examiné ces deux manieres: La premiere purement Méchanique qui ne dépend que de l'Art, telle que seroit une Horloge qui se remonteroit par une seconde Horloge, & celle-cy par une troisiéme, ou quelque autre Machine Hydraulique ou Pneumatique, à poidz ou à ressort, ou de quelque autre façon, qui eust en elle-même le principe de son mouvement, & qui se le continuast sans avoir besoin d'une nouvelle cause exterieure qui luy renouvellast ce principe. La seconde purement Physique, telle que seroit une Machine qui imiteroit le mouvement du cœur des animaux, celuy du flux & reflux de la mer, & quelques autres semblables.

Pour la premiere, je croy qu'il y a de la contradiction dans les termes: Car comment veut-on qu'une Machine ait en elle-même le principe de son mouvement, & qu'elle ne le reçoive pas de la Nature? Afin que ce Mouvement Perpetuel par art & méchaniquement fust possible, il faudroit qu'une Machine se mist en mouvement d'elle-même, sans que cela fust naturel; Qu'un corps imprimast plus de mouvement à un autre corps, qu'il n'en a luy même; Qu'un corps ne perdist point de son mouvement, en le communiquant à un autre; Qu'un corps pezant s'élevast luy seul, ou ne fist point de resistance pour être élevé; Qu'il fust pezant dans un temps, & leger dans un autre; qui sont toutes choses impossibles, & qui impliquent une manifeste contradiction.

Il ne faut donc pas s'étonner si les plus sçavans Mathematiciens croyent cette sorte de Mouvement Perpetuel impossible. Mr Hugens que vous sçavez être tel, en a démontré l'impossibilité dans son Livre *de Horologio oscillatorio: Hæc autem* (dit-il) *hypothesis nostra ad liquida etiam corpora valet, ac per eam non solùm omnia illa quæ de innatantibus habet Archimedes, demonstrari possunt, sed & alia pleraque Mechanicæ Theoremata. Et sanè, si hac eadem uti scirent novorum operum Machinatores, qui Motum Perpetuum irrito conatu moliuntur, facilè suos ipsi errores deprehenderent, intelligerentque rem eam mechanica ratione haud quaquam possibilem esse.*

Vous aurez veû sans doute une pareille Démonstration dans le Journal des Sçavans du premier de ce mois d'Aoust, donnée par Mr de la Hire de l'Academie Royale des Sciences.

Mr Descartes raille en quelque endroit de ses Lettres un certain qui se vantoit de l'avoir trouvé, *dont les raisons* (dit-il) *sont si vrayes, que si je croyois que le Mouvement Perpetuel d'Amsterdam le fust autant, je ne douterois point que celuy qui en est l'Auteur, n'eust bien-tost trouvé les quinze ou vingt chetifs millions d'écus de recompense, dont je crains qu'il n'ait encore besoin pour l'achever.*

Toutes ces raisons me persuaderent qu'il étoit ridicule de chercher le Mouvement Perpetuel par art & méchaniquement, & que c'étoit employer inutilement les forces de son esprit, & perdre son temps, que de l'appliquer à la recherche d'une chose impossible & contraire aux loix de la Nature. Il est donc constamment vray qu'il n'y a que la seconde maniere sur laquelle il y ait esperance de pouvoir utilement travailler.

On sçait, par exemple, que l'huile de tartre & l'huile de vitriol, & plusieurs autres liqueurs, étant mêlées ensemble, se fermentent, s'échauffent, se dilatent, & font une ébullition tres-grande, laquelle s'appaisant, ces liqueurs reviennent enfin à leur repos.

Il n'y a point de doute que si quelqu'un avoit trouvé le moyen de de separer ces liqueurs par la filtration, & de les remetre comme elles étoient avant que d'étre mêlées ; il auroit trouvé le Mouvement Perpetuel, qui imiteroit celuy qui se fait dans le cœur des Animaux. Car faisant un vaisseau semblable à celuy de la IV. Figure, marqué A A, dans lequel ayant mis de l'huile de tartre & de l'huile de vitriol, elles feront aussi-tost ébullition, & monteront par le tuyau B dans le vaisseau C, sans pouvoir entrer dans les tuyaux D D, à-cause des valvules ou soupapes G & H qui leur en empêchent l'entrée, & sans pouvoir retomber par le tuyau B à cause de la soupape I. Et si nous supposons que ces liqueurs étant dans le vaisseau C, se séparent & se filtrent, & que l'huile de tartre ne puisse passer que par la partie E, & l'huile de vitriol par la partie F, (comme nous voyons que certains cribles sont propres à séparer l'avoine d'avec les pois ;) il s'ensuivra que ces deux liqueurs venant à tomber dans le vaisseau A, y feront une nouvelle ébullition, & monteront dans le vaisseau C, où derechef elles se filtreront & descendront chacune séparément par les tuyaux D D dans le vaisseau A, & y feront encore une nouvelle fermentation : & ainsi de suite continuellement pendant que les parties de ce vaisseau se conserveront dans leur entier ; ce qui seroit un Mouvement Perpetuel, mais Physique, & non point Méchanique. C'est peut-être de cette maniere qu'est composée la Machine surprenante du Sieur Reyselius, dont il est parlé dans le Journal des Sçavans du 20 Decembre 1677, dans laquelle on remarque le mouvement naturel des poulmons, l'attraction & l'expulsion de l'air, tous les mouvemens du pouls, & tous les autres qui sont naturels à l'homme, & laquelle a tant de rapport & de ressemblance avec luy dans toutes les parties internes, qu'à la reserve des operations de l'Ame, on voit dans cette Machine ce qui se passe dans nôtre corps, excepté la voix & le mouvement local que ce sçavant Physicien espere luy donner.

On dit qu'autrefois Cornelius Drebel avoit trouvé une liqueur qu'il enfermoit dans un tuyau circulaire de verre qui imitoit le flux & le reflux de la mer. Il est indubitable que si l'eau de la mer ou quelque autre liqueur étant enfermée dans un anneau de verre, retenoit le mouvement de l'Ocean, ce seroit un Mouvement Perpetuel, qui seroit Physique, & non point Méchanique ; aussi-bien que celuy qui seroit fait par un globe de soulphre agité sur deux poles, ou par une pierre d'Aimant disposée de telle sorte qu'elle tournast toûjours circulairement, comme se sont imaginez quelques-uns, fondez sur ce que la terre se meut sur son centre, & qu'elle n'est qu'un gros Aimant dont la pierre d'Aimant a toutes les proprietez.

Plusieurs ont tâché de faire ce Mouvement Perpetuel, en disposant de telle maniere une ou plusieurs pierres d'Aimant avec leurs poles opposez, que l'une chassast les rayons d'une petite roüe de fer, & que l'autre l'attirast: ce qui n'a pas réüssi, parce que ce moyen est purement Méchanique, & que la cause qui attire & qui chasse le fer, fait le mesme effet que celle qui pousse les corps au centre de la terre.

Le P. Kirker rapporte dans son Livre *de Arte Magnetica*, qu'un Marchand Arabe luy donna une matiere laquelle se tournoit nuit & jour du côté du Soleil, dont il dit avoir fait plusieurs experiences: Mais il n'explique point quelle est cette matiere, & il assure qu'elle se corrompt facilement, & qu'elle ne dure que fort peu de jours.

Il est visible que si cet effet avoit lieu, & que l'on pust rencontrer quelque pierre ou quelqu'autre corps qui eust la proprieté de se tourner vers le Soleil, comme celle de l'Aimant a la proprieté de se tourner vers le Midy; on auroit indubitablement trouvé le Mouvement Perpetuel, non point méchaniquement & de la premiere maniere, mais de la seconde: puis qu'il seroit aussi naturel que le mouvement de l'air & du vent, des fontaines & des rivieres, du flux & du reflux de la mer, du Soleil & des autres Astres.

Il y a quelques années que je défis les deux phioles d'une Horloge de sable, dans l'une desquelles je mis de l'eau de vie à la place du sable, & les ayant réunies comme elles étoient, & laissées par hazard quelque tems sur une fenestre exposée au Soleil, je trouvay que l'eau de vie étoit passée d'une phiole à l'autre, dont je découvris bien-tost la raison: & je remarquay facilement que la chaleur du Soleil avoit élevé en vapeurs les parties plus subtiles de cette liqueur, lesquelles étant passées dans l'autre phiole, & s'étant attachées aux parois, s'y étoient condensées par le froid. Ce qui me donna occasion de penser que l'on pourroit faire par ce moyen un Mouvement Perpetuel en cette maniere.

A la V. Figure est un vaisseau quarré avec ses deux pivots, sur lesquels il peut tourner, dont l'un est au dessus de la lettre A. Aux côtez de ce vaisseau sont quatre phioles B C D E, à l'entrée desquelles sont les soupapes F G H I, disposées de telle sorte, qu'une des phioles est toûjours fermée, & les trois autres ouvertes. Celle qui est marquée B est remplie d'eau de vie ou d'esprit de vin, lequel s'évaporant par la chaleur du Soleil, entre dans la phiole C, dont la soupape est ouverte, sans entrer dans celle qui est marquée de la lettre E, à cause de la soupape I, qui est fermée & qui en empêche l'entrée. Les petites parties de cette liqueur qui s'exhalent, ne peuvent demeurer dans la phiole D, qui eſt en haut; parce qu'elles retombent en B, d'où elles étoient ſorties. Etant donc entrées dans la phiole C, elles s'y condenſent par le froid, & deviennent ce qu'elles étoient; c'eſt à dire, eau de vie ou eſprit de vin, lequel pezant dans la phiole C, & n'y ayant rien dans la phiole E, qui la contrebalance, elle eſt obligée de décendre, & toute la Machine tourne en même temps; en ſorte que la phiole C prend la place de celle qui eſt marquée B, & ainſi des autres, & les ſoupapes changent de même. Celle qui eſt marquée I, qui étoit fermée, s'ouvre; & celle qui eſt marquée H ſe ferme: & la même évaporation ſe faiſant de nouveau, la Machine tourne derechef, & ainſi de ſuite, pendant que la chaleur du Soleil agit.

Toutes ces manieres prouvent que le Mouvement Perpetuel phyſique eſt poſſible, quoy qu'aucun (ce me ſemble) n'ait réuſſi juſques à preſent; puiſque l'on n'a pas encore veu cette ſorte de filtration de liqueurs dont j'ay parlé, & que Mr Reyſelius n'a point donné, que je ſçache, le mouvement local à ſa Machine. La liqueur de Drebel, qui imite le mouvement du flux & du reflux de la mer, n'eſt point connuë; & ce Globe dont il ſe vante d'avoir la connoiſſance, lequel a la proprieté par une vertu ſympathique de faire tous les jours un tour en vingt-quatre heures, ſuivant le cours du premier Mobile, & qui montre les années & les mois, les jours & les heures, le cours du Soleil & de la Lune, des Planettes & des Etoilles, ſi exactement qu'il ne manque pas une ſeule fois en mille ans, paſſe dans l'eſprit des Sçavans pour une rêverie. Le Globe de Soulphre & celuy d'Aimant, & tous les Mouvemens Perpetuels produits par cette pierre, n'ont point encore commencé de ſe mouvoir. Ces Heliotropes & ces plantes Lunaires, & tous ces corps ſympathiques, n'ont produit juſques à maintenant aucun effet conſiderable, non plus que cette évaporation de l'eau de vie ou de l'eſprit de vin. Ce qui me donna occaſion de penſer que pour trouver le veritable Mouvement Perpetuel, & qui fuſt de quelque utilité, il falloit joindre l'Art à la Nature. C'eſt ce que j'eſtime avoir fait par l'application de l'Hygrometre cy-deſſus à la Pendule.

Je ne penſe pas que l'on puiſſe approcher plus prés du Mouvement Perpetuel: car il faut conter pour rien ce que l'on pouroit dire que les roues de l'Horloge s'uſeront, & que le ſapin ne durera pas toûjours: puiſque l'impoſſibilité du Mouvement Perpetuel ne provient point de la matiere qui s'uſe à la longue, & qui perit par ſucceſſion de tems; ſon incorruptibilité ne faiſant rien à ce ſujet, & étant ſuppoſé qu'elle eſt inalterable, & qu'elle peut toûjours durer.

A l'occasion de cet Hygrometre j'ay imaginé une nouvelle maniere de Pendule, que j'appelle Pendule Hygrometrique, ou Pendule irreguliere, laquelle n'est differente des autres qu'en ce que la verge du Pendule est faite d'une petite bande de sapin, dont les fibres sont de travers & paralelles à l'horizon. Vous sçavez que la durée des vibrations d'un Pendule dépend de sa longueur ; & que cette durée est plus grande, lors qu'il est plus long ; & plus petite, lors qu'il est plus court. ce qui a donné le principe de la mesure universelle. Mais cette verge de sapin s'allongeant de nuit & s'accourcissant de jour, rend cette Horloge si irreguliere, qu'elle ne peut jamais montrer l'heure qu'il est, ny s'accorder avec le cours des Astres.

Vous me direz, sans doute, que cette sorte de Pendule ne sera d'aucun usage, & que l'Hygrometre simple sera meilleur. Mais peut-être aussi pourra-t-elle en avoir, ou du moins servir d'occasion à quelque chose de bon, comme elle a fait en mon endroit ; puisque je fis dans le même temps une des plus belles experiences que l'on puisse faire sur les Pendules, & qui sera une source feconde de connoissances & d'experiences ; & en un mot la derniere perfection de ces Machines.

Vous n'ignorez pas que les deux principales causes de l'irregularité du mouvement des Pendules, & qui en empêchent la justesse, sont premierement les differentes alterations de l'air, dans lequel se font les vibrations du Pendule ; & en second lieu, l'inégalité de ces vibrations, qui provient tant d'elles-mêmes, lors qu'elles sont plus ou moins grandes, qu'à raison des diverses causes inégales des ressorts, des poidz, des rouës, &c.

J'ay remedié au dernier de ces defauts par le moyen du Balancier, dont je vous ay donné la description cy-devant ; puisque rendant l'arc des vibrations tres-petit, la difference de la plus grande vibration à la plus petite est insensible : & j'ay enfin remedié au premier, c'est à dire aux differentes alterations de l'air, en faisant tremper le Pendule dans de l'eau. Il faut attacher pour cet effet au dessous de la boête de l'Horloge un vaisseau, qui pourra être de verre, dans lequel tremperont seulement la lentille du Pendule & une partie de la verge ; & non point les rouës & les poids de l'horloge, ce qui est tres-simple & tres-facile à executer, & le meilleur moyen d'exclure l'air entierement. Car quoy que l'eau se rarefie par la chaleur, & qu'elle soit sujette à quelques alterations, elle n'est pas à beaucoup prés si susceptible de changemens que l'air.

Que si l'on craint la gelée, l'on se servira d'eau seconde ; & pour obvier, si l'on veut, à la roüille de la lentille, on pourra la faire de verre avec

avec un goulet court, portant son écrouë, à la maniere des garafes de la Verrerie d'Orleans : & apres qu'on l'aura remplie de mercure, on la fera porter par une verge qui aura au bout une visse ré pondante à l'écrouë de ladite lentille.

Mais outre que cette immersion remedie si excellemment aux alterations de l'air, vous avouërez avec moi qu'elle sera, comme je vous ay dit, une source feconde de connoissances & d'experiences ; puisque l'on sçaura par son moyen la proportion de l'air à l'eau, beaucoup plus justement que l'on n'a fait jusques à present.

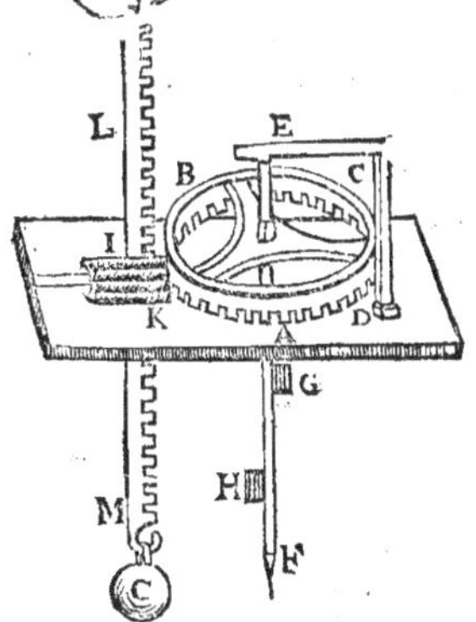

On connoitra pareillement la proportion des differentes eaux de pluye, de puits, de fontaine, &c. de l'huile, du vin, de l'eau de vie, du lait, du sang, & generalement de tous les autres liquides & de leurs especes ; comme des differents vins, du sang des personnes saines & des malades, & même des malades de telle ou telle maladie ; beaucoup plus précisément qu'avec les balances ou le peze-liqueur.

On aura même par son moyen le poidz universel, aussi bien qu'avec la Pendule perpendiculaire.

Cette Pendule est faite d'un ressort en helice A B, faite d'une corde d'Epinette d'acier trempé, que l'on aura tortillée sur un cylindre ou autre corps rond.

Cette helice est atachée en quelque lieu par l'extrémité A, & par le bas à la cremaillere L M, en B. Le pignon I mene cette cremaillere, & est mené par le Balancier fait en forme de rouë de champ A B C D, dont G & H sont les palettes. C est le petit poidz attaché au bas de la cremaillere, lequel fait un certain nombre de vibrations dans un tems donné.

Que si on change ce poidz C, ce même nombre de vibrations ne se trouve plus, & il y en a assurément plus ou moins selon la difference du poidz ; c'est à dire que s'il est plus leger, il y a un plus grand nombre de vibrations, & s'il est plus pezant il y en a moins ; & ce changement arrive toûjours, quelque petite que soit la difference des poidz.

D

Mais comme toutes ces experiences exigent bien du tems, & de la dépense, je ne les ay pas encore faites; & je m'y appliqueray aussi-tost que j'auray trouvé quelques personnes qui voudront m'aider.

Cependant si vous connoissez quelques Curieux qui les veüillent executer, vous m'obligerez de me le faire sçavoir, ou leurs observations sur ces matieres, afin que je les puisse mettre dans l'Ecrit auquel je travaille, & que j'intitule *Traitté des Pendules, avec plusieurs nouvelles découvertes concernant les Arts & les Sciences*, dans lequel il y aura quelques nouvelles inventions qui peut-être ne vous déplairont pas.

J'y parle de cet Instrument Astronomique que j'ay imaginé pour prendre la hauteur des Astres jusques aux secondes, & d'un Cadran au Soleil pour avoir l'heure dans cette précision.

Le premier est un quart de cercle denté à sa circonference, dont les dents engrenent dans le pignon d'une roüe, & celle-cy dans une autre, & ainsi de suite, avec des aiguilles pour marquer les minutes & les secondes.

On peut apliquer cette invention à tous les carts de cercle déja faits, sans y rien changer, en ajoûtant seulement à la pointe de leur angle, ou au tour du centre de l'Alidade, un petit cart de cercle denté à sa circonference comme j'ay dit.

L'autre est un Cadran équinoxial, dont l'axe a environ un demy pié de diametre, avec une petite fente dans le milieu pour donner passage à la lumiere du Soleil. Une roüe dentée est attachée à cet axe proche le plan; laquelle engrene dans un pignon, & celle-cy dans une autre, ainsi que dessus.

Mais parce que l'embarras de toutes ces roües & de leur engrenement s'oppose peut-être à la précision d'une seconde, comme quelques-uns le croyent, j'y donneray une autre maniere d'avoir la hauteur des Astres jusques aux mêmes secondes, par l'application d'une Machine à une autre, & de ces deux au quart de cercle.

J'y parle aussi de la Lunette racourcie: je l'ay faite dans un tuyau ovale par le moyen de deux miroirs plans B C, dont l'un, marqué B dans la VI. Fig. reçoit la lumiere, & la renvoye à côté de l'objectif A, où est un autre miroir plan C, qui la renvoye à côté du premier miroir B, proche duquel est l'oculaire D.

Pour la Lunette qui fait paroître une grande quantité d'objets d'une seule veüë, vous en verrez dans ce même Traité la description fort au long.

J'y parle encore d'un Instrument pour déterminer l'espace que parcourent les corps qui tombent perpendiculairement, & pour mesurer toutes sortes de hauteurs perpendiculaires. J'apprehende que vous ne vous railliez de cette Invention, & que vous ne disiez qu'elle est un jeu d'enfant ; puis qu'à proprement parler, ce n'est qu'un volant, qui est le jeu des enfans.

Tout ce qui se presente à mes sens me servant d'experience & de sujet de meditation, j'examinay un jour le mouvement d'un volant ; c'est un corps qui tombe perpendiculairement, dont le mouvement est ralenti par deux, ou trois, ou plusieurs plumes. Je consideray encor que ce volant avoit deux mouvemens, l'un qui étoit perpendiculaire, & l'autre circulaire sur son propre centre ; d'où je conclus que si on faisoit un Instrument semblable à un volant, & qu'il montrast le nombre des tours qu'il feroit sur son centre dans sa chute, il pourroit servir à mesurer les hauteurs perpendiculaires.

Vous verrez dans ce mesme Traité la maniere dont je l'ay imaginé, & un moyen pour élever l'eau en telle quantité & à telle hauteur que l'on voudra, avec tres peu de dépense, & sans l'embarras de chevaux, ny d'autres Machines, dont je vous donne presentement une idée.

Un si grand nombre d'inventions qui ont été proposées pour élever des eaux à Versailles, m'engagea à mediter sur les moyens de le faire avec facilité. Je fis d'abord reflexion que pour élever des corps pezans, il faloit considerer la force, l'espace & le tems ; que la Mechanique étoit bornée & reduite à la necessité de recompenser la disproportion qui est entre la force & la resistance, le tems, la vîtesse & l'espace ; de sorte que si la quantité d'eau que l'on veut élever est grande, & la force petite, le tems & l'espace par lesquels la force mouvante doit agir seront grands, pour faire faire à l'eau peu de chemin en beaucoup de tems : & il y a une telle necessité de l'un à l'autre, qu'il est impossible de gagner la force & l'espace tout ensemble : car si le mouvement est rapide, il faudra beaucoup de force ; & s'il est lent, une petite force suffira.

Mais outre cette compensation inévitable de la force, de la vitesse & du tems, je consideray encor qu'il faloit avoir égard au frotement, & à la perte du mouvement qui se fait par l'interruption des differentes parties d'une même Machine : de maniere que pour surmonter un degré de resistance, il faut trois degrez de force : & tout ce que les Machinistes ont recherché, a été d'empêcher ce frotement, & de faire en sorte qu'un degré de resistance pust être surmonté par un ou par deux degrez de force, à quoy ils ont peu réussi. Ce qui me fit croire que comme on ne peut gagner la force & le tems tout ensemble, il étoit pareillement impossible d'empêcher le frotement, & la perte qui se fait de la force dans la communication de plusieurs parties ; & qu'il faloit plutost rechercher des forces dans la Nature, semblables soit à celles des rivieres & des courans d'eaux, qui ne se rencontrent pas en tous lieux, & manquent ordinairement dans ceux où on veut élever des eaux ; soit à celles du vent, qui ne soufle pas toûjours également ; ce qui fait que les Moulins à vent sont sujets à beaucoup d'inconveniens.

Repassant ainsi dans mon imagination toutes les forces qui pouvoient étre dans la Nature, il s'en presenta à mon esprit une qui est infiniment plus grande que celle du vent, du courant des rivieres & des torrens ; & la plus violente qui ait jamais été.

Cette force est la poudre à canon, que l'on n'a point encore employée à l'élevation des eaux, & dont il y a deux manieres.

La premiere consiste à avoir un vaisseau AB, comme dans la VII. Fig. de telle grandeur que l'on voudra, d'un muid ou deux, & davantage, lequel sera élevé à 30 pieds de la surface de l'eau, & assez fort pour resister à la compression de l'air.

C D E F est un tuyau qui trempe dans l'eau en F, & GG sont les soupapes. H est une coulisse en maniere de bassinet pour mettre la poudre à canon. I est le robinet pour vuider l'eau lors que le vaisseau A B sera plein.

Il est visible que la poudre à canon ayant été enflammée, elle rarefiera l'air enfermé dans le vaisseau A B, & le fera sortir par l'ouverture des soupapes G G, lesquelles se fermeront aussi-tost, & ne pouvant rentrer, l'air qui peze sur la surface de l'eau en F, la doit pousser par le tuyau F E D C, jusques dans le grand vaisseau A B, que l'on vuidera par le robinet I. dans un reservoir.

On mettra si l'on veut dans ce reservoir un pareil tuyau pour élever l'eau à 60 pieds, & un autre pour l'élever à 15 toises.

On peut ajoûter un autre vaisseau à côté de celuy-cy, lequel est ponctué, & marqué K L, avec deux robinets M D, pour faire couler l'eau continuellement : Mais parce que cette maniere ne peut élever l'eau qu'à 30 pieds, de même que les pompes aspirantes, on peut aussi se servir de cette invention pour faire les pompes foulantes.

EDCBAF, dans la VIII. Figure, est un tuyau continu. La partie B C D trempe dans l'eau, laquelle peut entrer dans ce tuyau par l'ouverture C, & n'en peut pas sortir à cause d'une soupape qui bouche le trou C.

BAF sera de telle hauteur & de tel diametre que l'on voudra, avec des soupapes A A A d'espace en espace. On mettra en E la quantité de poudre qui sera necessaire, à peu prês selon quelqu'une de ces

ces manieres si seures & si simples dont se sert depuis quelques années un de nos Amis pour charger par la culasse les differentes armes à feu de son invention

La poudre ayant pris feu, il faudra ou que l'eau forte par l'ouverture A dans le reservoir F, à quelque hauteur qu'il soit élevé; ou que les tuyaux crevent, ce qui ne peut arriver, puis qu'on les suppose de cuivre, de fer, ou de fonte, & si épais qu'ils pourront resister à la force de la poudre à canon.

Je ne vous marque point la quantité de poudre que l'on doit employer à chaque fois, parce que cela dépend de la grandeur des tuyaux & de la quantité de l'eau qu'on éleve; joint que je n'ay fait cette experience qu'en petit, de laquelle on ne peut point dire qu'elle ne réüssira pas également en grand, étant plutost de celles qui augmentent leur effet à mesure qu'on les fait plus grandes.

Je ne vous marqueray point non plus les utilitez que l'on peut tirer de cette invention, si rien ne s'oppose à sa réüssite, ny le grand nombre d'hommes, de chevaux & de machines, qui seront épargnées dans les mines, & dans les étangs & marais que l'on voudra dessecher, & en mil autres occasions.

J'y feray mention pareillement d'un moyen pour demeurer sous l'eau, tout autre que la Cloche & la Cornemuse; & c'est une des plus belles & des plus curieuses experiences que j'aye faites, & qui aura sans doute quelques utilitez.

Enfin j'y parleray d'un Acoustique avec lequel on entend certains sons, quoyque tres éloignez ou tres foibles, extraordinairement augmentez. J'oubliois de vous dire que je viens d'achever un Hygrometre de 35 pieds.

Au reste il n'y a aucune de ces inventions, que je vous propose, dont je n'aye fait des experiences. Il est vray qu'à cause de la dépense je ne les ay pas faites de la maniere que j'eusse bien souhaitté, quoyque suffisamment neanmoins pour juger ce que l'on en peut esperer. Si vous desirez faire faire l'épreuve des unes ou des autres, j'auray de la joye d'avoir occasion de vous faire connoitre que je n'ay rien de reservé pour vous, & que je suis avec passion,

MONSIEUR,

Vôtre tres-humble & tres-obeïssant Serviteur,
DE HAUTEFEÜILLE.

A Paris ce quatriéme d'Aoust 1678.

[illegible] a M Le
Duc de Chevreuse [illegible]
[illegible]
[illegible] 1679

www.ingramcontent.com/pod-product-compliance
Lightning Source LLC
LaVergne TN
LVHW050228180726
843501LV00013BA/3339

9782329621135